Un Crime politique

Un Crime judiciaire

L'assassinat du Maire de Fort-de-France

CAEN
Imprimerie Ch. VALIN
13, rue Écuyère, 13

1908

LIGUE DES DROITS DE L'HOMME & DU CITOYEN

Un Crime politique
Un Crime judiciaire

L'assassinat du Maire de Fort-de-France

CAEN
Imprimerie Ch. VALIN
13, rue Écuyère, 13

1908

LES SCANDALES JUDICIAIRES DE LA MARTINIQUE

Dans sa séance du 9 novembre 1908, le Comité central de la Ligue des Droits de l'Homme a adopté la résolution suivante :

Le Comité central de la Ligue des Droits de l'Homme,

Considérant qu'au cours de l'information judiciaire ouverte à la suite du meurtre de M. Siger, maire de Fort-de-France, les formes légales ont été, sous la pression du pouvoir administratif, violées de la manière la plus flagrante ;

Considérant notamment que la communication du dossier a été refusée à la partie civile; que la contre-expertise a été confiée à des experts choisis en dehors des listes d'experts établies chaque année; qu'enfin, le pourvoi en cassation n'a pas été transmis dans les délais légaux à la Cour suprême, laquelle, à l'heure actuelle, n'a pas encore reçu le dossier d'une affaire dont elle est saisie depuis le 22 juillet dernier ;

Considérant, d'autre part, qu'au cours de l'interpellation qui a eu lieu à ce sujet au Sénat, le 3 juillet dernier, le Ministre des Colonies a été amené, sur la foi d'un câblogramme mensonger du Gouverneur Lepreux, à affirmer à la tribune de la Haute Assemblée un fait matériellement inexact,

Proteste énergiquement contre ces faits, qui constituent une scandaleuse atteinte aux garanties que la loi assure à tout citoyen, et décide d'en saisir l'opinion publique.

APPEL

A Monsieur le Président
et Messieurs les Membres du Comité Central
de la Ligue des Droits de l'Homme et du Citoyen.

MESSIEURS,

Le 29 avril dernier, vers 5 heures de l'après-midi, Antoine Siger, ancien syndic des notaires de la Martinique et maire de Fort-de-France, chevalier de la Légion d'honneur, était tué d'un coup de revolver au premier étage de la mairie, alors que, ceint de son écharpe, il s'opposait à l'envahissement de l'édifice par un attroupement armé.

Cet événement jeta le deuil et l'indignation dans la ville, où le chef de l'édilité était aimé de tous les gens de bien ; mais la population resta calme dans sa douleur, et, obéissant aux conseils de sagesse qui lui étaient donnés, elle attendit uniquement de la justice la répression d'un crime aussi odieux.

Aujourd'hui, après une instruction de trois mois, la magistrature locale vient de déclarer qu'elle n'a pas découvert les assassins.

Cette déclaration est un déni de justice.

Elle est démentie par le dossier même de l'enquête : neuf témoins, personnes absolument honorables, ont déclaré au juge qu'ils avaient vu et reconnu le meurtrier au moment où il déchargeait son arme sur la victime; nombre d'autres ont fourni des indications, vérifiées et reconnues exactes, qui ne laissent aucun doute sur la préméditation de l'attentat.

au chef de la colonie une complicité au moins morale dans l'affreux drame de la mairie.

Que valait cette accusation ?

Les faits que nous énumérons plus loin prouvent qu'elle était loin d'être dénuée de fondement : ils montrent le gouverneur si préoccupé de défendre les assassins, que sa conduite est comme un aveu du lien qui l'attachait à ces hommes.

1° DANS UN DISCOURS PUBLIC, LE GOUVERNEUR TENTE D'INNOCENTER LES INCULPÉS.

C'est aux obsèques mêmes de M. Siger, qui eurent lieu le 1ᵉʳ mai, que la manœuvre commença : le gouverneur chargea, en effet, le secrétaire général de lire, en son nom, dans cette cérémonie, un discours qui commençait par ces mots : « Au bord de cette tombe si douloureusement ouverte par un geste d'égarement, qui semble avoir été *accidentel...* », et au cours duquel il envisageait l'assassin comme un « meurtrier *involontaire...* ». La famille du défunt, à laquelle le Secrétaire général fit part de son mandat, lui exprima son indignation : le discours ne fut pas lu, mais il fut publié intégralement, cinq jours après, dans le propre journal des inculpés.

Pour qui connaît la vie coloniale, pour qui sait l'omnipotence d'un gouverneur de colonie, un tel plaidoyer, c'était plus qu'une indication donnée par M. Lepreux aux magistrats placés sous ses ordres.

2° LE GOUVERNEUR ALTÈRE ET DISSIMULE LA VÉRITÉ DANS SES COMMUNICATIONS AU MINISTRE.

Le Gouverneur a une autorité sans contrepoids dans la colonie, mais il lui faut, toutefois, prendre des précautions vis-à-vis du Ministre et vis-à-vis de l'opinion publique de la métropole. Ce fut là évidemment la grande préoccupation de M. Lepreux après le crime du 29 avril ; car, dès la première heure, il s'appliqua à dissimuler ou à altérer la vérité dans les communications relatives à l'affaire qu'il adressa au département.

C'est par une courte et tendancieuse dépêche que, le 30 avril, il informa le Ministre du crime de la veille ; et, dans cette dépêche

— particularité bien suggestive — il passa sous silence l'arresta·
tion des deux principaux émeutiers, c'est-à-dire du directeur et
du gérant du journal *Le Combat*.

La détention de Labat et de Gouyer se prolongea ainsi pendant
huit jours, sans que M. Lepreux en soufflât mot à son Ministre.

Cependant, l'un des détenus était fonctionnaire public ; il
était le premier adjoint au maire du chef-lieu de la colonie, et la
mort du maire le faisait administrateur de la commune !

Que penser d'un pareil silence, sinon que le Gouverneur tenait
essentiellement à cacher au Département et à la presse métropoli-
taine les personnalités en cause ? Et s'il adoptait pareille
tactique, n'était-ce pas qu'il espérait obtenir à brève échéance
l'élargissement des inculpés ?

Mais, un contre-temps se présenta : le 8 mai, le Procureur
général et le Juge d'instruction adressèrent, par l'intermédiaire
du gouverneur, au Ministre un rapport sur l'état de l'instruction :
ils y déclaraient que la responsabilité de Labat et de Gouyer dans
les événements du 29 avril était d'ores et déjà établie, notamment
par l'achat et la distribution d'armes faits par eux avant de
marcher sur la mairie.

Impossible, dès lors, à M. Lepreux de dissimuler plus longtemps la situation de ses deux amis. Néanmoins, il usa encore
d'une feinte : dans la dépêche qu'il envoya, à cette date, au
Ministre, il signala simplement qu'il y avait « un inculpé » du
meurtre de Siger, et se tut sur la personnalité de cet inculpé.
Quant à l'autre, il n'en fit même pas mention.

Ce procédé de dissimulation dut être ainsi appliqué dans
tout le cours de l'affaire. Nous le retrouvons, en tous cas, avec
un caractère particulier d'audace, le 3 juillet dernier, au cours
de l'interpellation Knight au Sénat.

La veille de cette interpellation, M. Sévère, député de la
Martinique, avait communiqué au Ministre le texte d'une dépêche qu'il venait de recevoir, et le pria d'en demander télé-
graphiquement la confirmation officielle au Gouverneur. Cette
dépêche était ainsi conçue :

« Chambre nouvelle a infirmé ordonnance non-lieu et ordonné supplément information ; Larrouy commis ».

Le lendemain 4 *juillet*, à la tribune du Sénat, M. Milliès-Lacroix rappela cette communication en l'accompagnant des observations suivantes :

« En présence de M. le député Sévère, j'ai envoyé immédia-
« tement un câblogramme au Gouverneur pour lui donner con-
« naissance de l'information que je recevais, de ma surprise de
« n'avoir pas été informé, et je lui demandais de me renseigner.
« Je viens à l'instant de recevoir un câblogramme qui m'informe
« que la nouvelle est fausse de tout point.

« Le juge d'instruction avait rendu une ordonnance de non-
« lieu dans des circonstances que je rappellerai tout à l'heure. Les
« héritiers de la victime ont interjeté appel devant la Chambre
« des mises en accusation contre l'ordonnance du Juge d'instruc-
« tion. L'affaire est pendante ; le dossier est chez M. le Prési-
« dent de la Chambre des mises en accusation. *La Chambre des*
« *mises en accusation n'a pas encore été appelée à délibérer...* »

Ainsi parla M. Milliès-Lacroix, qui exprima, en outre, son indignation qu'on usât de semblables procédés de discussion.

Hélas ! tandis qu'avec une *inconcevable* confiance en la parole de M. Lepreux, ce ministre accusait ses contradicteurs d'avoir tramé une manœuvre dans le but d'impressionner le Sénat, c'est lui-même qui, inconsciemment, portait un faux à la tribune de la Haute Assemblée.

Ce qui s'était passé, le voici *exactement* :

Dans la colonie, on se préoccupait grandement de l'inter-pellation : il fallait à tout prix obtenir le non-lieu, qui seul pouvait dégager le Gouverneur. C'est ce qui explique que le juge d'instruction, sans attendre le résultat d'une commission rogatoire qu'il avait adressée à Paris, sans même examiner les réquisitions du Procureur de la République, qui réclamait un supplément d'information et certaines confrontations, le juge, disons-nous, mit Gouyer hors de cause.

Aussitôt et simultanément se produisirent l'opposition du Parquet et celle de la partie civile.

Mais qu'importait à M. Lepreux ! Il câbla rapidement à Paris pour faire connaître l'ordonnance du juge d'instruction, et, pour le reste, il compta que la Chambre des mises en accusation confirmerait purement et simplement cette ordonnance.

C'est le contraire qui advint. La Chambre rendit, le *premier juillet*, l'arrêt suivant, que nous reproduisons dans son intégralité :

« La Cour, réunie en la chambre du Conseil, M. Duchesne, Procureur général, est entré et a fait le rapport du procès instruit contre Gouyer (Charles-Fernand), né à la Trinité le 12 mars 1872, fils de Gouyer (Louis-Charles), et de Thomas (Louise-Amélie), industriel, domicilié au Carbet, marié, détenu,

« Inculpé d'homicide volontaire sur la personne de Siger.

« Le Procureur général a été entendu dans ses réquisitions écrites, tendant à un supplément d'information.

« La Cour,

« Vu l'ordonnance de M. le Juge d'instruction en date du 27 juin 1908 ;

« Vu l'opposition de M. le Procureur de la République et de la dame Pierre Côme, en date du 28 juin 1908,

« Après avoir entendu le Procureur général en ses réquisitions,

« Après avoir délibéré conformément à la loi ;

« Attendu qu'il importe, avant de statuer au fond, de recourir à une mesure d'*instruction supplémentaire* ;

« Par ces motifs,

« Désigne M. le Conseiller Larrouy à l'effet :

« 1° D'entendre MM. Garnier, Delrieu, Mathieu, Barbe et Costet sur les constatations par eux faites au cours de l'autopsie du cadavre de Siger ;

2° « D'entendre le capitaine d'artillerie Morin sur le résultat de l'expertise à laquelle il a procédé ;

« 3° D'opérer entre les témoins toutes confrontations et recueillir tous autres témoignages dont l'utilité pourrait se manifester au cours de ces auditions et confrontations.

« Ainsi jugé et prononcé au palais de justice à Fort-de-France (Martinique), en la Chambre du conseil, *le mercredi 1er juillet* 1908.

Le jour même, dans la soirée, le Procureur général notifia au Gouverneur l'arrêt ci-dessus et lui en donna copie.

Comment donc M. Lepreux osa-t-il répondre, le *surlendemain* 3 *juillet*, à la demande de renseignements de M. Milliès-Lacroix, que « la dépêche de M. Sévère était fausse de tout point... et « que la Chambre des mises en accusation n'avait même pas « été appelée à délibérer ? »

Voilà comment le Gouverneur de la Martinique fit mentir le Ministre à la tribune du Sénat : un fonctionnaire qui n'aurait rien eu à se reprocher dans les événements discutés devant cette assemblée aurait-il agi ainsi ?

3° LE GOUVERNEUR ENTRE EN RELATIONS DIRECTES AVEC LES MAGISTRATS CHARGÉS DE L'INSTRUCTION.

Certaines allées et venues à l'Hôtel du Gouvernement des magistrats chargés de l'instruction de l'affaire, non des autres, avaient éveillé l'attention publique : M. Sévère, député, signala le fait à la mission d'inspection qui s'était rendue à Fort-de-France pour procéder à une enquête sur l'évènement du 29 avril ; la mission ne tint aucun compte de l'avis. Plus tard, quand, sur un ordre formel du Ministre, l'un des inspecteurs enquêta sur ce point, il n'entendit que le Gouverneur et les magistrats.

Les conclusions de son enquête furent néanmoins assez suggestives.

Les voici :

Le juge d'instruction s'est rendu au Gouvernement, mais « c'était pour demander quand le Gouverneur désirerait témoigner... » Le conseiller Larrouy (membre de la Chambre des mises en accusation) s'est rendu au Gouvernement, la veille de l'appel contre l'ordonnance de mise en liberté provisoire, mais « c'était pour demander un renseignement insignifiant au Gouverneur » ; il y retourna avec un de ses collègues, membre également de la Chambre des mises en accusation, mais « c'était pour remettre une plainte au Gouverneur ».

En vérité, ces explications feraient sourire, si l'on n'était dans une matière si grave. Mais il y a mieux, et des faits autrement précis seront formulés dès qu'une enquête sérieuse aura été ordonnée à ce sujet.

4° ON SUIT UNE PROCÉDURE EXCEPTIONNELLE POUR LA MISE EN LIBERTÉ DES INCULPÉS, ET LE GOUVERNEUR MANIFESTE A LA LIBERTÉ DE LABAT.

Du jour de l'arrestation des inculpés Gouyer et Labat, l'unique objectif du Gouverneur fut, on l'a vu, leur mise en liberté.

Dans ce but, une campagne violente fut menée dans le journal « Le Combat », — qui se publiait avec du papier fourni par l'imprimerie du Gouvernement, — contre le juge d'instruction, traité de « misérable », et contre le Procureur général, auquel on adressa les menaces les moins déguisées, comme, par exemple, les suivantes :

« Encore une fois, M. le Procureur général, prenez garde !... Vous n'avez point peur d'assumer les responsabilités, paraît-il. Eh bien, *craignez de faire parmi nous des adeptes...* Le 17 mai, (date à laquelle avait été renvoyée l'élection municipale) le 17 mai, entendez-vous, M. le Procureur général ? *il faut que Labat et Gouyer soient mis en liberté !*

Ceci était écrit le 13 mai.

Déjà le 7 mai, une requête avait été présentée pour réclamer la mise hors de cause de Labat ; mais le Juge d'instruction l'avait rejetée par une ordonnance en date du 8 mai 1908, ainsi conçue :

« Attendu que des charges graves pèsent encore, à l'heure actuelle, sur l'inculpé Labat, du chef de l'accusation portée contre lui ; qu'en effet, *ni les témoignages recueillis* ni les *constatations de fait n'ont dissipé ces charges* ;

« Attendu, d'autre part, que l'état de légitime défense de Labat n'est nullement établi, aux termes de la loi, par l'information en cours ; *qu'il est certain,* d'ores et déjà, qu'il s'est rendu, le 29 avril 1908, *armé,* à la tête d'une manifestation qui a envahi les salles de la mairie, et au cours de laquelle Siger a été tué et Paolo gravement blessé ; qu'on ne *saurait disjoindre ces circonstances* ; que la connexité de cet envahissement avec le fait Paolo a amené la jonction des deux procédures suivies contre Gouyer et Labat, de façon à déterminer la part prise par l'un et l'autre dans l'ensemble de ces faits ou chacun d'eux. »

Le 11 mai, une nouvelle demande aux mêmes fins, précédant la violente sommation qu'on vient de lire, fut donc déposée par le défenseur et notifiée à la partie civile.

C'est dans cette période que se placent les entrevues que nous avons signalées plus haut entre le Gouverneur et les magistrats chargés de l'instruction. Alors, ceux-ci inaugurèrent une procédure *précipitée* pour donner satisfaction à ceux qui réclamaient l'élargissement des inculpés : dans cette phase de l'instruction, la magistrature fut comme prise du vertige de la vitesse, brûlant les étapes, pour atteindre plus vite le but.

Ainsi, le mercredi 14 mai, le juge d'instruction prononça la mise en liberté provisoire de Labat sous caution de 10.000 francs.

L'ordonnance fut notifiée le lendemain à la partie civile, qui y fit opposition le samedi 16 mai, en se réservant, dans l'acte du greffe, de produire devant la Chambre des mises en accusation un mémoire justificatif.

Le jour même, cette Chambre se réunit, et, en dépit de l'avocat des héritiers Siger qui lui demandait un délai de quelques heures pour déposer son mémoire, elle confirma l'ordonnance de mise en liberté.

L'arrêt étant rendu à 10 heures du soir, le bureau de l'enregistrement fut rouvert de nuit pour le dépôt du cautionnement. Quelques instants après, l'inculpé sortit triomphalement de la prison, ou plus exactement du salon du Directeur de l'établissement, escorté par ses amis et *ayant à ses côtés le chef du Cabinet du Gouverneur.*

Pour bien apprécier le témoignage public de solidarité que, par cette manifestation, le Gouverneur donnait à l'homme le plus responsable du drame de la Mairie, il faut se reporter aux termes mêmes de l'ordonnance de mise en liberté provisoire. On y voit que si la justice avait faibli, elle n'avait pas encore osé, cependant, émettre le moindre doute sur la culpabilité des deux inculpés.

Voici le document :

« Nous, etc.

« En ce qui concerne Charles Gouyer :

« Attendu qu'à l'heure actuelle, *les charges graves qui pèsent sur l'inculpé Gouyer n'ont pas été dissipées par les témoignages vagues ou contradictoires des témoins désignés par la défense...*

« Disons qu'il y a lieu de maintenir le mandat de dépôt décerné le 29 avril dernier ;

« En ce qui concerne Labat Charles-Théodore :

« Attendu que, les témoins de sa tentative d'homicide volontaire sur Paolo ayant été entendus et les confrontations opérées, sa détention ne parait plus indispensable à la manifestation de la vérité ;

« Attendu qu'il y a lieu de sauvegarder les intérêts de la partie civile et de réserver la sanction des responsabilités *encourues* par Labat dans l'ensemble des événements du 29 avril dernier, responsabilités qui pourront apparaître ou se préciser,

« Ordonnons que le prévenu sera mis provisoirement en liberté moyennant caution solvable de se représenter à tous les actes de la procédure aussitôt qu'il sera requis... »

Ce n'était donc pas un innocent qui sortait de la prison et auquel le Gouverneur témoignait sa sympathie.

5º UN COUP DE THÉATRE.

Jusqu'à la veille même de la clôture de l'instruction, le juge maintint cette déclaration de culpabilité des inculpés.

Ainsi, le 12 juin, l'enquête terminée sur le fait matériel du meurtre, il rendit l'ordonnance suivante :

« Nous, etc.

« Attendu que la détention préventive n'est une mesure d'exception qu'en matière correctionnelle seulement ;

« Que ni les *antécédents judiciaires* de l'inculpé (Gouyer) ni les circonstances de la cause ne justifient la mesure sollicitée ;

« Que les présomptions graves de culpabilité relevées à la charge de Gouyer *restent exactement ce qu'elles étaient* lors de l'ordonnance précédemment rendue le 14 mai 1908 et confirmée par la Chambre des mises en accusation ; que les confrontations opérées depuis n'ont fait qu'*affirmer et pré... ser* ces présomptions ; que neuf témoins ont vu Gouyer tuer M. Siger à bout portant ; que deux autres témoins ont vu Gouyer à côté de M. Siger ; qu'il ne suffit pas, pour discréditer leur témoignage, de les appeler les « soi-disant témoins » ; que la défense ne produit aucun argument à l'appui de cette qualification ;

. . . .

« Qu'enfin, le maintien de l'inculpé sous mandat de dépôt importe encore à la manifestation de la vérité ;

« Qu'il reste à rechercher et à établir les circonstances qui ont préparé et facilité le meurtre,

« Disons qu'il y a lieu de maintenir en l'état le mandat de dépôt‧ décerné contre Gouyer le 29 avril dernier.

« Fait à Fort-de-France, le 12 juin 1908, et nous avons signé avec notre greffier.

Le juge d'instruction, MONTEILHET. *Le greffier,* BRABAN

Donc, à cette date du 12 juin 1908, il n'y avait aucun doute pour la justice sur la personnalité du meurtrier de Siger : elle proclamait que, pour elle, c'est Gouyer l'assassin, et qu'il ne lui reste plus qu'à rechercher — *chose grave pour le Gouverneur* — les circonstances qui ont préparé et facilité un crime aussi audacieux, commis en plein jour et en plein Hôtel de ville.

Trois jour après, tout était remis en question ; les rôles eux-mêmes étaient intervertis. Ce n'était pas Gouyer qui avait tiré sur Siger ; c'était apparemment quelqu'un dans l'entourage du maire, qui, tirant sur Labat ou Gouyer, avait atteint Siger.

Comment un tel bouleversement avait-il pu se produire ?

Par la plus abominable des machinations judiciaires.

Mais avant d'arriver à l'exposé de ce point capital, il nous faut dire comment périt le maire de Fort-de-France.

Comment fut assassiné
le Maire de Fort-de-France

On a vu, par les termes de l'ordonnance du 12 juin, que « neuf témoins avaient vu Gouyer tuer Siger à bout portant ».

Voici, pris au hasard, le récit de l'un d'eux :

Marty (Victor) 29 ans, dessinateur, aide-voyer de la ville, demeurant à Fort-de-France, non parent ni allié, ni au service de l'inculpé, prête serment de dire toute la vérité, rien que la vérité, dépose :

« Mercredi soir, un peu avant 5 heures, M. Siger me fit appeler dans son cabinet pour compter les cartes électorales. Nous étions sept dans le cabinet : MM. Siger, Sévère, Grelet, Nays, Frédéric, Beaucelin et moi. M. Sévère partit immédiatement pour se rendre dans les bureaux de la *France coloniale*. Pendant que nous travaillions, j'ai entendu une rumeur de foule. J'ai dit au maire que j'allais voir ce qui se passait, et je me suis rendu sur le balcon. De là étant, j'ai vu, à la hauteur de la pharmacie Matillon (l'immeuble le plus voisin de la mairie, du même côté de la rue) s'avancer une foule, en tête de laquelle marchaient MM. Labat et Gouyer, Mauconduit Julio, Descatrelle et Genou. Cette foule s'avança avec une fureur qui me fit l'effet d'individus dangereux. A la vue de cette masse, j'ai été avertir le maire de l'approche des manifestants. Il se leva, ainsi que tous ceux qui se trouvaient dans le bureau à ce moment, ôta de sa poche un paquet dans lequel se trouvait son écharpe, la ceignit et se dirigea vers le balcon. Je me trouvais à ce moment à sa gauche. La foule se trouvait à mi-chemin de l'allée du jardin qui conduit à l'hôtel de ville. Du balcon étant, ayant dans sa main gauche sa canne et son chapeau, et tenant de la main droite l'extrémité de son écharpe, il prononça ces paroles en s'adressant aux manifestants : « Arrêtez, arrêtez, au nom de la loi ! » La foule continua à s'avancer et pénétra à la mairie. Le maire se retourna alors et se dirigea vers l'escalier de droite, où les premiers manifestants se trouvaient déjà. J'ai remarqué à leur tête MM. Labat. Mauconduit, Gouyer, Badger et Genou. Quand ceux-ci eurent atteint les dernières marches de l'escalier, le maire leur intima l'ordre de s'arrêter en leur disant : « Arrêtez, arrêtez, au nom de la loi ! »

Voyant que la foule s'avançait toujours, M. Siger recula de quelques pas et se trouva au milieu de la salle. M. Labat, qui était en tête de la foule et dont les mains se trouvaient dans les poches de sa veste, l'aborda en lui disant : « Monsieur le Maire... » et d'autres paroles que je n'ai pas entendues à cause des cris sauvages poussés par les manifestants. Dès qu'il eut abordé le maire, celui-ci fut aussitôt entouré de toutes parts. C'est à ce moment que je vis s'allonger le bras de M. Gouyer, qui se trouvait derrière et un peu à droite de M. Siger, que je vis un éclair et entendis immédiatement une détonation. A ce moment, je me trouvais à droite de M. Siger. à trois mètres environ, et en dehors du groupe, me tenant à peu près entre les deux portes de la salle du conseil. J'avais donc une vue d'ensemble de la scène. Cette détonation ayant provoqué un écart et la fuite de la foule, M.Gouyer se précipita vers l'escalier de droite...»

Ce témoignage si précis n'est pas seulement confirmé par les déclarations tout aussi décisives de huit autres témoins, qui ont vu Gouyer faisant feu sur le Maire ; il est corroboré par un grand nombre d'autres dépositions qui ne laissent aucun doute sur les responsabilités encourues par les principaux auteurs de la manifestation du 29 avril, spécialement par Gouyer.[1]

Ainsi, nous ne pouvons nous empêcher de citer encore la déposition si suggestive de RENÉ HONORÉ, fils naturel de Gouyer et typographe au journal « Le Combat. »

Ce jeune homme de 16 ans s'était rendu, dans la soirée du crime, auprès d'un douanier qui vit maritalement avec sa mère, et lui avait avoué le nom du criminel, en essayant de se débarrasser de l'arme meurtrière. Le fait fut porté à la connaissance du juge d'instruction, qui manda et interrogea immédiatement les deux personnages.

Voici le procès-verbal de cette confrontation, en date du 4 mai, 1908 :

Nous faisons entrer le jeune Honoré pour opérer confrontation avec Montout Emmanuel (le douanier), et lui donnons lecture de la déclaration de ce dernier.

Il dit : « Je n'ai jamais eu de revolver sur moi. »

Pressé de questions et confronté avec Montout, il avoue enfin que, lorsqu'il s'est rendu chez M. Montout, à 7 heures 1/2, il avait sur lui un vieux revolver non chargé.

Nous lui demandons la provenance de cette arme ; il nous répond : « C'est le revolver de mon père, M. Charles Gouyer, et je l'ai pris au journal *Le Combat*, vers 5 heures et quart, en tout cas après les événements de la mairie.

« Je reconnais avoir dit à M. Montout : « C'est mon père qui a tué M. Siger, ne le dites à personne ; mais je le disais parce que je l'avais entendu dire. »

D. — Si tout le monde le répétait en ville, pourquoi disiez-vous à M. Montout de ne pas en parler ?

R. — Je lui ai fait cette recommandation parce que ce n'était pas tout le monde qui le disait.

D. — Vous avez bien dit à M. Montout que votre père avait deux revolvers ?

R. — Oui, je l'ai dit. J'ai toujours vu deux revolvers dans les appartements de mon père. L'un est un revolver à barillet, et l'autre un revolver plat.

Nous montrons alors au témoin un pistolet Browning à répétition.

Il dit : « Mon père a le pareil, je le connais bien ; c'est moi qui le nettoie, et je l'ai même nettoyé le mercredi matin. » Le témoin démonte sous nos yeux le pistolet Browning, ce qui prouve qu'il en connaît bien le mécanisme. Il ajoute : « Mon père portait ce revolver dans une ceinture jaune en cuir, et à midi, le jour du crime, quand je l'ai vu, il l'avait sur lui. »

Le matin, vers 9 heures, mon père m'avait montré le revolver, que je suis allé prendre à 5 heures, en me disant : « Tenez, voilà une arme ; en cas d'événements, vous viendrez la prendre », et en même temps, il m'a indiqué le mécanisme.

D. — Le mercredi matin, votre père vous a-t-il fait part de ses projets ?

R. — Vers 9 heures, mon père était au téléphone du *Combat* ; il a demandé le poste « Lareinty ». On lui a répondu que M. Fernand Clerc était à Trinité ; c'était M. Molinard qui était au téléphone. Mon père lui a dit ensuite : « Eh bien, faites-lui savoir que sa présence est indispensable, ce soir, à Fort-de-France ; car, ce soir, la ville sera en état de siège. »

A la même heure, M. Labat était au *Combat* ; il était présent quand on a téléphoné. Mon père et M. Labat sont d'abord montés en haut, puis m'ont appelé. M. Labat disait : « Ce sera moi qui serai maire de Fort-de-France, en personne. Nous entrerons à la mairie. « Mon père ajoutait : « Si Sévère manifeste contre nous pour nous empêcher d'entrer à la mairie, il faut nous défendre, il faut tuer Sévère, cet homme-là m'empêche de gagner ma vie (1). »

Avant, mon père m'avait donné un revolver en me disant : « Si nous sommes blessés, tu nous défendras, coûte que coûte ; tu tireras à tire-larigot. » M. Labat me frappa sur l'épaule en disant : « Tu es un chevalier. » Mon père était allé acheter six revolvers chez Duplan avec des cartouches, trois grands revolvers à 27 fr. 50 et trois autres plus petits à 45 francs.

Dans l'après-midi, ils sont allés sous le kiosque Ivanès. Labat a fait un discours, monté sur une table. Il a dit : « Si le gouverneur ne suspend pas le maire, à vaincre ou mourir, nous irons à la mairie, car il faut que ce soit Labat qui soit maire en personne. »

Ils se sont dirigés vers la mairie, Labat en tête ; mon père, M. Gouyer, qui se trouvait à quelques pas derrière ce dernier, a couru et l'a joint presque à l'entrée de la mairie. Je me trouvais aussi derrière eux ; j'ai couru et les ai joints au moment où ils gravissaient le premier étage de l'hôtel de ville. Mon papa était avec M. Labat. Celui-ci engagea une conversation avec M. Siger, qui avait d'abord dit : « Au nom de la loi, arrêtez votre foule ! » M. Labat s'est approché quand même de M. Siger, faisant des gestes de ses mains ; et presque immédiatement, j'ai entendu

---

(1) En cas d'élection de la liste Labat, Gouyer devait être secrétaire de mairie.

un coup de feu et ai vu M. Siger faire un mouvement comme pour tomber. Je ne sais pas qui a tiré ; effrayé, je suis parti. J'ai même, de la balustrade, sauté dans l'escalier, au risque de me casser les jambes et j'y ai perdu mon chapeau.

Plus n'a déposé ni ont été confrontés, lecture faite, persistent et signent avec nous et notre greffier.

Signé : RENÉ HONORÉ. MONTOUT. MONTEILHET. BRABAN.

Ajoutons que le juge d'instruction se fit apporter de suite le livre journal de la maison Duplan : les achats indiqués par Honoré ont été constatés sur ce registre, à la date même du 29 avril et aux prix désignés. Il fut, en outre, découvert que, le même jour, Gouyer avait acheté une provision de poudre, de plomb et de cartouches.

La déclaration d'Honoré était donc rigoureusement exacte.

L'autre version

Il va de soi que les émeutiers du 29 avril n'avouèrent pas leur crime.

Gouyer déclara qu'il avait bien pénétré à la Mairie, mais qu'il se trouvait encore dans l'escalier quand se produisit la détonation du coup de feu qui foudroya le Maire. Il avait été, au contraire, vu et reconnu aux côtés de M. Siger par un grand nombre de témoins.

De son côté, Labat rapporta la scène du meurtre ainsi qu'il suit, dans son interrogatoire du 30 avril :

« M. Siger, qui était sorti de son cabinet, traversa la salle devant moi et vint s'arrêter entre la statue et le balcon. Je m'avançai sur lui, le chapeau à la main. Il me dit : « Que désirez-vous? Je lui répondis : « Je viens chercher M. Victor Sévère, que vous avez délégué pour la délivrance des cartes. » — « M. Sévère n'est pas ici, » dit-il. — « M. le Maire, vous allez nous faire l'honneur de nous accompagner au gouvernement ». Il entrait dans mon esprit de lui faire voir l'importance de la manifestation qui s'y tenait... M. Siger ouvrait la bouche pour me répondre, lorsque *j'eus l'impression d'un coup de feu dans la figure*; je fus abasourdi, et une seconde, je me demandai si je n'étais pas mort. Le coup de feu me parut venir devant moi ; *j'ai vu la flamme du revolver, et j'ai eu une sensation de chaleur dans la figure.*

Ma tête était à o m. 40 de celle de M. Siger... J'ai senti une flamme à o m. 30 de ma figure... LA FOULE ÉTAIT MASSÉE ET LES TÊTES ÉTAIENT TRÈS RAPPROCHÉES. »

Nier le meurtre étant impossible, les émeutiers adoptèrent comme système de défense de retourner l'accusation contre les témoins de leur crime : d'après eux, le Maire aurait été tué par quelqu'un de son entourage qui visait vraisemblablement Labat.

Les uns avaient vu Beaucelin, les autres Nays, tirer le coup de révolver qui avait atteint Siger *à bout portant !*

Quelques-uns, dont Labat lui-même, dénoncèrent d'abord Nays, pour accuser le lendemain Beaucelin.

Il arriva même que certains témoins, mis en présence de celui qu'ils accusaient, ne purent le distinguer des autres personnes à côté desquelles il se tenait.

Enfin, quand il fallut reconstituer la scène et situer les per·sonnages, ce fut un véritable imbroglio.

Le mensonge et le faux témoignage étaient patents.

Le coup du ricochet
et la contre-autopsie

En somme, l'enquête judiciaire allait prendre fin d'une façon désastreuse pour le Gouverneur et ses amis. En présence des témoignages accablants qu'il avait recueillis contre Gouyer, le juge avait rendu cette ordonnance du 12 juin qui proclamait hautement la culpabilité de celui-ci.

C'est alors qu'intervint la machination à laquelle nous avons fait allusion plus haut.

On se rappelle que les dires de tous les témoins du meurtre — soit qu'ils dénonçassent Gouyer, soit même qu'ils dénonçassent Nays ou Beaucelin — étaient concordants sur un seul point, à savoir que le coup avait été tiré à *bout portant*, tout au moins à courte distance ; que Labat lui-même, avait déclaré le 30 avril, qu'il « avait eu, sa tête étant à o m. 40 de celle de M. Siger, l'impression d'un coup de feu dans la figure ».

Les constatations de l'autopsie, faite le lendemain du crime, avaient confirmé ce point ; les conclusions de M. le docteur Barbe étaient que « *le coup avait été tiré à bout portant.* »

Ce médecin avait, en outre, décrit la direction de la blessure comme suit :

« Un stylet, pénétrant librement dans la blessure, suit une ligne horizontale perpendiculaire à l'axe du corps, se dirige transversalement de droite à gauche et d'arrière en avant, de façon que, partant de six centimètres en arrière du pavillon de l'oreille droite, il arrive en un point correspondant à l'insertion du pavillon de l'oreille gauche. En se dirigeant dans ce sens, on suit la blessure dans l'épaisseur des muscles qui prennent leur insertion sur la surface de l'occipital jusqu'à cet os même, dans la région de sa base. Là, à deux centimètres à droite du bord droit du trou occipital, existe une plaie de l'os, d'un centimètre environ de diamètre, à bords déchiquetés et très irréguliers ; à gauche de cet orifice se voit une fente de l'os qui se poursuit jusqu'au bord du trou occipital. En dedans de cette plaie osseuse, dans la cavité cranienne, existent de nombreuses petites esquilles provenant de l'éclatement de l'os. On suit la blessure dans la boîte cranienne, entre l'os et les enveloppes du cervelet, puis, à travers le bulbe rachidien, qui est sectionné dans toute sa largeur. Les méninges du cervelet sont enveloppées de caillots sanguins et de sang liquide. A un centimètre du bord gauche du trou occipital, on remarque un autre orifice osseux, dans lequel le stylet pénètre, traverse une partie de l'os du rocher et vient s'arrêter derrière l'apophyse mastoïde gauche, où l'on trouve une balle de revolver déformée. »

Deux mois après le dépôt de ce rapport, la balle extraite de la tête de la victime (balle blindée, employée dans les pistolets automatiques du calibre 7,65 $^m/_m$) était remise au capitaine d'artillerie Morin, choisi comme « expert armurier » ; et cet officier, *sur le seul examen de la balle*, concluait *que M. Siger n'avait pas été atteint de plein fouet mais par ricochet.*

Cette conclusion, nous le répétons, n'avait pas été arrêtée après une expérience quelconque, pas même pour déterminer la vitesse initiale de la balle ; l'expert en faisait simplement le corollaire de cette affirmation *a priori* :

« Toute balle de pistolet à répétition, tirée à bout portant ou à 20 mètres, aurait traversé le crâne en brisant tous les os rencontrés, si elle avait atteint la victime de plein fouet... Une balle de pistolet à répétition, tirée dans ces conditions, traverse 10 centimètres d'excellent sapin, ce qui se traduit dans le corps humain par l'*éclatement* ou la *perforation* des grands os les plus résistants. »

Ce rapport, si dogmatique qu'il fût, détermina le juge à ordonner une contre-autopsie.

La mesure était en soi fort naturelle. Mais ce qui ne l'était plus du tout, ce fut le choix des experts et la façon de procéder de ceux-ci.

Déjà l'officier choisi comme « expert armurier » ne semblait pas avoir été désigné au hasard, parmi les officiers de la garnison. C'était un officier établi depuis longtemps dans la colonie, si bien mêlé aux querelles locales que son nom avait plusieurs fois alimenté les polémiques des journaux; enfin, il avait eu personnellement une querelle avec M. Siger, quelque temps avant l'attentat.

Pour la nomination des nouveaux médecins experts, ce fut bien autre chose. Elle fut faite en *violation flagrante de la loi*.

En effet, le décret du 17 août 1897, qui a promulgué dans les colonies la loi du 30 novembre 1892 sur l'exercice de la médecine, dispose que « les opérations d'expertise ne peuvent être confiées à un docteur en médecine qui n'aurait pas le titre d'expert. »

« *Cette prescription*, dit le docteur Brouardel, *doit être observée d'une façon d'autant plus rigoureuse qu'elle remédie à un abus, en ne laissant plus le juge d'instruction libre de confier arbitrairement les expertises à un médecin quelconque.* »

C'est donc en foulant aux pieds la volonté même de la loi que le juge d'instruction désigna, le 13 juin, pour la contre-autopsie, deux médecins fonctionnaires, subordonnés du Gouverneur Lepreux, et ne figurant pas sur la liste annuelle des experts arrêtée par la Cour d'appel.

Cette infraction fut commise sciemment, et dans des conditions qui justifient les plus graves soupçons contre le juge d'instruction.

En effet, ce magistrat avait tout d'abord invité la défense et la partie civile *« à désigner, chacune, sur la liste des médecins experts de la colonie, un médecin qui procéderait* concurremment avec le docteur Barbe, aux opérations de la contre-autopsie »*. La partie civile avait désigné le docteur Clément et, à son défaut, les docteurs Binet ou Costet ; la défense, elle, avait réclamé l'élimination du docteur Barbe et demandé non moins impérativement la nomination du docteur Garnier, médecin-major des troupes coloniales.

Le juge, éliminant effectivement le docteur Barbe, rendit, le 6 juin, une ordonnance commettant M. le docteur Binet, « qui figure sur la liste des trois médecins présentée par la partie civile », et M. le docteur Guillem, « qui, arrivé dans la colonie ce jour même, paraît réunir les conditions d'impartialité reconnues désirables par la défense ».

Pourquoi cette ordonnance ne fut-elle pas exécutée ? Ce qui est certain, c'est que, le 12 juin, une nouvelle ordonnance annula la précédente et commit MM. les Dʳˢ Garnier et Delrieu, tous deux subordonnés du Gouverneur, avec M. le docteur Costet.

Enfin, dernière singularité, M. le docteur Mathieu, ami personnel de Labat, fut subitement adjoint aux autres le 14 juin, la veille des opérations.

A ce moment le Procureur général appela l'attention du juge sur la violation du décret de 1897 ; celui-ci persista dans son choix : Pourquoi ?

Il faut remarquer encore que les deux médecins fonctionnaires étaient d'origine créole, eux aussi, tout comme leurs confrères qu'on sembla, cependant, vouloir écarter de ce chef.

Quoi qu'il en soit, les experts désignés se réunirent, le 15 juin, à l'hôpital militaire et procédèrent à la contre-autopsie.

Pour les constatations et les conclusions à en tirer, ils se trouvèrent en désaccord.

M. le docteur Costet, médecin expert, confirma le rapport du docteur Barbe.

M. le docteur Mathieu et les deux médecins fonctionnaires conclurent dans un sens diamétralement opposé. D'après eux,

« Le projectile, après avoir traversé la peau, les parties molles sous-jacentes, biseauté et arraché le bord droit et saillant du trou occipital, un peu en arrière de la réunion du tiers postérieur avec les deux tiers antérieurs, a sectionné le bulbe à sa partie inférieure pour aller se loger derrière l'apophyse mastoïde gauche. Étant donnés les obstacles rencontrés par la balle dans son trajet (extra crânien), on peut affirmer que la force de résistance de ces obstacles a été insignifiante, et que la balle présentée, surtout si elle avait été tirée de plein fouet, était de nature à traverser de part en part des obstacles autrement nombreux et résistants... »

Il n'entre pas dans notre cadre de discuter les avis si différents que les hommes de l'art émirent sur la blessure de l'infortuné M. Siger.

Le jour où la justice voudra — et il faudra bien que ce jour arrive ! — départager les médecins de la Martinique, elle n'aura qu'à faire appel à des experts de la métropole. Il y a, près les tribunaux de France, tout un corps de médecins légistes dont la probité ne saurait être mise en cause, et dont la science n'est certainement pas au-dessous des questions posées.

Ce qu'il nous appartient de relever ici, c'est d'abord l'illégalité *voulue* dans la désignation des experts ; c'est ensuite le parti pris que, de ce moment, le juge montra dans la suite de la procédure.

Puisque la double autopsie lui donnait des conclusions contraires, deux des experts s'étant prononcés pour le coup à bout portant et les trois autres pour le ricochet, c'était incontestablement le cas de les départager par une expertise plus régulière et qui serait comme la critique des précédentes. Or, vainement, la partie civile, ainsi d'ailleurs que le docteur Barbe, dont la loyauté professionnelle était mise en cause, réclama cette mesure d'instruction : la demande, notifiée en la forme extrajudiciaire, ne fut pas prise en considération.

Le juge inclinait-il, malgré l'unanimité des témoignages reçus, pour l'hypothèse du ricochet, il avait tout au moins le devoir de la vérifier par l'examen des lieux : M. Siger ayant été frappé dans l'une des salles de l'hôtel de ville, il devait être facile de retrouver les traces du premier choc. *Ni le juge ni les experts ne voulurent pratiquer des recherches à cette fin,* en dépit des protestations qui se firent entendre pour réclamer cette vérification. Pourquoi ? Ne serait-ce pas qu'ils voyaient eux-mêmes l'impossibilité d'expliquer — vu la position qu'au moment du coup de feu, MM. Siger et Labat occupaient à o m. 40 l'un de l'autre, vers le milieu de la vaste salle des Pas perdus, entourés « par la foule massée » — comment l'un pût être atteint *par ricochet* d'une balle destinée à l'autre ?

Ce n'est d'ailleurs pas seulement en soufflant les requêtes de la partie civile que les juges allaient montrer leur résolution d'étouffer la vérité : l'histoire du rapport de la contre-autopsie est, à ce point de vue, tout aussi suggestive.

Le 15 juin, les experts procédèrent aux opérations que nous avons indiquées.

Le surlendemain, M. le docteur Garnier ayant dressé un projet de rapport invita par dépêche télégraphique M. le docteur Costet, dont l'opinion différait de celle de ses confrères, à venir examiner ce document. Le docteur Costet, qui habite la commune du Gros-Morne, fit connaître que, retenu par des occupations professionnelles, il se rendrait à cet effet au chef-lieu dans la journée du 20 juin.

Le 20 juin, à Fort-de-France, il apprit que le rapport avait été déposé le jour même entre les mains du juge d'instruction. Il se présenta aussitôt chez ce magistrat : celui-ci, lui refusa à deux reprises de lui communiquer le document, qu'il ne put connaître que par le docteur Delrieu, l'un des coexperts, lequel ne lui laissa pas cependant la liberté d'en prendre copie.

Il s'adressa alors à la Chambre des mises en accusation, qui était d'ores et déjà convoquée pour la mise en liberté de Gouyer, et écrivit à son Président une lettre pour lui exposer que le rapport n'avait pas été discuté ni signé par lui, et lui demander un sursis de vingt-quatre heures, afin de déposer son rapport personnel. Cette lettre demeura sans réponse : Pourquoi ?

Le lundi matin, 22 juin, il déposa effectivement son rapport, qui confirmait les conclusions du docteur Barbe. Le jour même, la Chambre des mises en accusation mit Gouyer en liberté, en s'appuyant sur le rapport des experts Garnier, Delrieu et Mathieu, sans même faire mention dansson arrêt du rapport Costet. Pourquoi?

L'inculpé quitta la prison avec les mêmes honneurs que Labat ; conduit à son domicile par un cortège de manifestants, *en tête desquels se faisait remarquer le chef du cabinet du Gouverneur.*

Le non-lieu

La machination de la contre-autopsie avait pleinement réussi. En effet, l'hypothèse du « ricochet » n'avait été imaginée que pour être opposée, au nom d'une prétendue science, aux résultats acquis de l'enquête judiciaire et pour frapper de suspicion *ipso facto* les témoignages qui relataient un coup de feu « à bout portant.» la même valeur à l'expression « bout portant ».

Le juge, dès lors, ne voulut plus rien savoir : son unique souci n'était-il pas d'arriver au non-lieu, avant l'interpellation annoncée sur l'affaire pour la séance du 3 juillet ?

Vainement, la partie civile sollicita une nouvelle expertise, faite par tous les médecins experts de la colonie : la requête ne fut pas même examinée.

Vainement, elle demanda l'audition de 15 témoins dont la liste avait été fournie au juge, sur sa propre demande, depuis le 22 mai : les témoins ne furent pas même appelés.

Vainement, le Procureur de la République requit le juge de procéder à certaines confrontations et d'attendre les résultats d'une commission rogatoire envoyée à Paris : le juge sembla même ignorer cette réquisition.

En présence de semblables procédés, les héritiers Siger résolurent d'exercer « la prise à partie » contre le magistrat qui méconnaissait si gravement les devoirs de sa fonction. La requête prescrite par l'article 511 du Code de procédure civile fut déposée le 25 juin. Avant que la Cour en pût délibérer, le juge rendit en toute hâte, le 27 juin, *l'ordonnance de non-lieu.*

La manifestation du 29 avril 1908

Il nous faut maintenant remonter à la journée du 29 avril, afin de mettre en lumière les responsabilités du Gouverneur dans les faits eux-mêmes.

On sait déjà que les envahisseurs de la Mairie venaient directement de l'Hôtel du Gouvernement, sous les fenêtres duquel avait été tenu un véritable meeting.

Qu'était, en réalité, cette réunión ?

Le Gouverneur, dans sa déposition faite au juge d'instruction le 11 mai, s'est efforcé d'en diminuer l'importance et d'en pallier le caractère séditieux.

« En arrivant de Bellevue, à 5 heures 45, je remarquai, dit-il, une certaine animation aux alentours du kiosque Ivanès (situé à 25 mètres de son hôtel), où s'étaient réunies 150 à 200 *personnes environ*. Les orateurs se faisaient entendre, mais sans éclat de voix inaccoutumées ; il y avait sous les fenêtres du Gouvernement, rue Amiral-de-Gueydon, les 30 *ou* 40 *badauds* qui sont de rigueur en toute occurrence analogue...»

La vérité est tout autre.

C'est une foule nombreuse et agitée qui manifesta sous les fenêtres de M. Lepreux, en violation de l'arrêté que celui-ci avait pris le 11 du même mois pour « interdire les attroupements sur la voie publique pendant toute la période électorale », et en violation de la loi de 1881 sur les réunions publiques.

M. Labat, dans son interrogatoire du 30 avril, a reconnu que cette foule était d'environ *deux mille* personnes.

Le chef de la sûreté, qui est cependant un créature toute dévouée au Gouverneur, a déclaré, dans son rapport du jour, que « *la foule,*

tout d'abord massée sous le kiosque Ivanès, s'était grossie de person-
nes arrivant de toutes les rues environnantes, et avait envahi la
rue Amiral-de-Gueydon, près de l'hôtel du Gouvernement. »

Pour faciliter d'ailleurs cette manifestation quasi-officielle,
la plupart des maisons de commerce en gros, hostiles à la liste
d'Entente républicaine, avaient — fait sans précédent — fermé
leurs portes vers une heure après midi.

Quant aux discours qui furent prononcés dans ce meeting
en plein air, on en connaît déjà le ton par la déposition, repro-
duite plus haut, de René Honoré, partisan de Labat. D'après d'autres témoignages non moins véridiques, ils étaient un véritable
appel à l'insurrection.

Une délégation fut envoyée au Gouverneur, — nous dirons
dans le chapitre suivant le prétexte invoqué, — sous la direction
de M. Labat ; elle revint quelques minutes après, et Labat,
monté sur une table, exprima à la foule ameutée « les sympathies
du chef de la colonie ».

« Alors, dit dans son rapport, le maréchal des logis
« de gendarmerie, qui faisait le service d'ordre devant l'hôtel du
« Gouvernement, alors, je vis M. Labat descendre de la table sur
« laquelle il avait parlé, rester un moment dans la foule, puis se
« diriger, SUIVI DU FLOT DES MANIFESTANTS, dans la direction de la
« rue Amiral-de-Gueydon. »

C'EST LA MARCHE SUR LA MAIRIE.

En quelques minutes, les émeutiers franchirent la distance
de 300 mètres qui sépare l'hôtel du Gouvernement de l'hôtel de
ville.

M. l'Inspecteur des colonies Fouque, qui se trouvait à ce
moment en vérification à la mairie, assista à l'envahissement de
l'édifice par cette foule « très excitée, dit-il, où certains brandis-
saient des gourdins ».

Ecoutons, d'ailleurs, ce témoin oculaire :

« Il y avait quelque temps que j'avais repris ma vérification lorsqu'on entendit une rumeur un peu sourde et que quelqu'un se précipita dans les bureaux de l'état civil en criant : « Ils arrivent! » Quelqu'un,

— le secrétaire, je crois — donna l'ordre de fermer les portes et fenêtres ; mais cette opération ne put s'achever. J'entendis des cris nombreux ; je sortis du bureau du secrétaire, et, par la porte qui donne sur la salle des Pas perdus, je vis la foule faire irruption dans l'hôtel de ville. Quelques-uns des manifestants se dirigèrent du côté des bureaux de l'état civil en poussant des cris ; un ou deux pénétrèrent même dans ces bureaux, puis rebroussèrent chemin. Le gros des envahisseurs était monté au premier étage ; un employé de mairie qui se trouvait là dit : « Ils vont certainement mettre le feu à l'hôtel de ville ». Quelques instants après, M. Grelet se précipita vers moi, les larmes aux yeux, en disant : « Ils ont tué M. Siger. »

Voilà l'événement que, le lendemain, le Gouverneur relatait au Ministre dans le bref câblogramme suivant :

« Au cours d'une bagarre électorale survenue à Fort-de-France entre adversaires politiques, de nombreux coups de revolver ont été échangés. Le maire, M. Siger, atteint d'une balle au cou, est mort une heure après. Paolo (employé municipal) blessé. Mesures énergiques sont prises pour le rétablissement de l'ordre. »

Au surplus, parlant de ce coup de main, le 11 mai, dans sa déposition au juge d'instruction, il osera le présenter comme une simple « délégation » se rendant à l'hôtel de ville.

« M. Labat, président de la délégation, dit-il, devait être rejoint à l'hôtel de ville par MM. Ivanès et Confiant ; il avait pris les devants, ESCORTÉ DE QUELQUES AMIS, qui étaient probablement armés et formaient une sorte d'escorte défensive. »

Cela ne dépasse-t-il pas, en vérité, tout ce que l'on peut imaginer !

Enfin, nous devons insister également ici sur un incident d'une particulière importance.

On a vu plus haut qu'une brigade de gendarmerie stationnait, durant la manifestation, sous le kiosque Ivanès, entre l'hôtel du Gouvernement et cet édicule.

Quelle fut l'attitude de cette force publique, en face des émeutiers ? Quel effort fit-elle pour entraver la marche de ceux-ci sur la mairie ?

M. Knight a formulé à ce sujet, dans son interpellation du 3 juillet, la grave accusation qui suit :

« Les gendarmes, d'instinct, par la force de l'habitude, se mirent à la suite des émeutiers, mais ils rebroussèrent chemin, bifurquant dans la première rue à droite. Pourquoi ?... A cette minute suprême, qui précéda l'assassinat du maire de Fort-de-France, sur un signe du chef de cabinet, M. Carde, les gendarmes rebroussèrent chemin et livrèrent la mairie aux émeutiers. »

Le Ministre, répondant à l'honorable sénateur, a donné, sur la foi des renseignements *officiels* qu'on lui avait remis, une tout autre interprétation du geste de M. Carde. Selon lui, si les gendarmes sont arrivés devant l'hôtel de ville après l'assassinat du maire, c'est que « jugeant impossible de traverser les rangs des manifestants pour se porter sur les devants, ils avaient pris une rue parallèle (RUE PERRINON), qui était en réparation et encombrée de matériaux. »

Cette explication est malheureusement fausse. Le maréchal des logis, dans son rapport déposé au dossier de l'instruction, n'a invoqué ni cette prétendue impossibilité ni cet embarras de la voie publique ; il n'eût pas manqué de les invoquer si le fait était exact. Il s'est contenté de dire : « *La rue de Gueydon* était déjà encombrée, je n'ai pas voulu lancer cinq chevaux dans la foule ; j'ai pris par la rue Perrinon et suis arrivé devant la mairie lorsque la tête de la manifestation avait déjà pénétré dans l'édifice. »

Or sait-on la distance que ce détour ajoutait à celle qui sépare l'hôtel du Gouvernement de l'hôtel de ville ? Exactement CENT VINGT-QUATRE MÈTRES. Et les manifestants étaient à pied, tandis que les gendarmes étaient à cheval !

D'autre part, la rue Perrinon n'était nullement encombrée, ainsi qu'on l'a fait dire au Ministre. Le contraire est bien établi par le certificat ci-dessous :

« Le soussigné, Edgar Cappa, ingénieur A et M, agent voyer et directeur des travaux de la ville de Fort-de-France, certifie, pour rendre hommage à la vérité, que *la rue Perrinon n'a jamais été, au cours de la présente année, encombrée sur aucune partie de son parcours, que,* vers le mois d'avril, quelques tas de madrépores,destinés à la réparation de cette rue, ont été déposés sur l'accotement droit, laissant une largeur minimum de 4 mètres pour la circulation des chevaux et véhicules. »

En foi de quoi le présent certificat a été délivré pour servir et valoir ce que de droit.

Fort-de-France, le 4 septembre 1908.

Signé : Edg. CAPPA.

Enfin, il résulte du rapport du commissaire central, déjà cité, qu'après l'introduction de la délégation auprès du Gouverneur, « IL A ENTENDU DIRE DANS LA FOULE QUE CELLE-CI DEVAIT SE PORTER A LA MAIRIE A LA SORTIE DE LA DÉLÉGATION, et qu'il est aller en aviser l'adjudant de gendarmerie à la caserne, lequel a commandé une brigade à pied. A son retour auprès du Gouvernement, la foule commençait à se diriger déjà vers la mairie. »

Or, la caserne de gendarmerie est, pour ainsi dire, contiguë à l'hôtel de ville, n'en étant séparée que par la façade de la prison centrale, large d'une cinquantaine de mètres.

Comment les émeutiers n'ont-ils pas rencontré cette brigade à pied, aux portes de l'hôtel de ville ?

Ils étaient,à ce moment, à peine deux cents, le gros des manifestants étant demeuré sous le kiosque Ivanès.

La vérité est que, dans ce double incident, relatif à l'attitude de la gendarmerie,on retrouve la marque d'une volonté supérieure.

Il appartient au Comité central de la Ligue d'exiger que la pleine lumière soit faite sur ce point

Le prétexte de la manifestation

A quelle occasion avait-on organisé cette manifestation du 29 avril, qui prit fin par le drame sanglant de la mairie ?

L'organisateur, M. Labat, a donné à ce sujet au juge d'instruction les explications suivantes :

« M. le Maire de Fort-de-France ayant refusé d'accepter le délégué de l'administration pour le contrôle de la délivrance des cartes électorales, je me suis rendu à l'hôtel du gouvernement, à 11 heures 1/2 du matin, en compagnie de M. Ivanès. M. le Gouverneur, qui était sur le point de sortir, nous ayant reçus immédiatement, nous lui avons signalé l'intérêt qu'il y avait, pour la sincérité des opérations électorales, à persister dans sa première décision. M. le Gouverneur nous répondit qu'il ne pourrait pas nous donner une réponse définitive parce qu'il était encore en pourparlers avec la municipalité. DANS LE BUT DE PORTER CE FAIT A LA CONNAISSANCE DE NOS ÉLECTEURS, nous les avons convoqués pour 4 heures, sous le kiosque Ivanès.

Combien puérile est une semblable explication !

Eh quoi ! ce même jour, Labat et Gouyer ont rassemblé des armes à Fort-de-France, ils ont acheté de la poudre et du plomb, distribué des revolvers et des cartouches, provoqué la fermeture des magasins du haut commerce, fait transporter des quantités d'alcool dans la maison Ivanès, ils ont décidé enfin de faire leur réunion sur la voie publique, en violation des lois : tout cela pour annoncer aux électeurs que le chef de la colonie est en pourparlers avec la municipalité à propos du contrôle des cartes électorales !

Mais, s'ils n'avaient voulu, effectivement, que répandre une nouvelle à laquelle ils attachaient une certaine importance, pourquoi n'usaient-ils pas tout simplement de la publicité des affiches et de celle de leur journal, qui paraissait dans l'après-midi ? Pourquoi tous ces préparatifs de guerre civile ?

Au surplus, jamais le maire n'avait refusé de recevoir le délégué de l'administration ; il avait, au contraire, très correctement accueilli ce fonctionnaire quand celui-ci s'était présenté à la mairie, et lui avait remis une copie des instructions écrites données au personnel municipal pour qu'*aucune carte électorale ne fût délivrée hors la présence de la délégation.*

Mais — et c'est là le crime qu'on reprochait à M. Siger — il s'était associé, d'autre part, à une très légitime protestation que le député, M. Sévère, avait adressée au Gouverneur contre les pouvoirs illégalement donnés aux représentants de l'administration.

Voici ce document, aussi respectueux dans la forme que juste dans le fond :

« Fort-de-France, le 27 avril 1908.

« Monsieur le Gouverneur,

« Il m'a été donné de prendre connaissance d'une circulaire que vous avez remise aux délégués de l'administration près des municipalités de la colonie, en vue de suivre les prochaines opérations électorales.

« La loi municipale étant promulguée dans la colonie dans son intégralité, et le suffrage universel fonctionnant ici dans les mêmes conditions que dans la métropole, sans aucune disposition spéciale comme celle qui existe dans l'Inde française touchant la délivrance des cartes électorales, j'estime que les municipalités seraient en droit de ne pas se soumettre au contrôle des délégués dont il s'agit.

« Cependant, j'ai moi-même, comme maire de Fort-de-France, accepté naguère ce contrôle, et aujourd'hui, *j'engage personnellement tous mes amis qui sont à la tête des municipalités* à y souscrire, afin de bien établir leur bonne foi politique et la loyauté de leurs agissements.

« Mais, Monsieur le Gouverneur, vous comprendrez vous-même que les instructions *nouvelles* données à vos délégués dépassent les limites d'un contrôle.

« Tout en disant aux délégués qu'ils ne devront pas substituer leur action à celle de la municipalité et du président du bureau de vote,

votre circulaire leur attribue « le droit d'apposer leur signature (concurremment avec celle du maire) sur la carte au moment de sa remise à
l'électeur, à en appeler à haute voix le nom et le numéro et à résoudre,
conjointement avec l'autorité municipale, les contestations qui pour-
raient se produire sur l'identité de l'électeur.

« Les mêmes droits sont attribués aux délégués, même vis-à-vis
du bureau de vote.

« Je ne puis ne pas voir, Monsieur le Gouverneur, dans ces pres-
criptions, l'abrogation de la loi municipale de 1884, et une atteinte
grave à l'indépendance absolue des bureaux de vote.

« J'ai donc l'honneur de vous prier de procéder à un nouvel examen de la question, qui ne peut être résolue dans le sens de votre circulaire, sans provoquer un mouvement légitime de protestation de la
part des municipalités.

« Au besoin, je vous demanderai de prendre le sentiment de M. le
Ministre des Colonies, dont je connais le souci de la légalité, et sans
lequel il me paraît difficile que vous tranchiez la grave question que je
vous soumets hâtivement, afin d'éviter les complications qui peuvent
se produire un peu partout.

« Je vous prie d'agréer, etc.

V. SÉVÈRE, député. »

Vainement, les émeutiers chercheraient dans cette lettre la
plus légère justification de leur conduite.

Cependant, il y a encore mieux : la municipalité, après le
refus du Gouverneur d'en référer au Ministre, avait pris la résolution de s'incliner devant l'illégalité ; et, quand les chefs du mouvement furent reçus par M. Lepreux, celui-ci leur donna connaissance d'une lettre du maire qui annonçait le règlement de la question.

Mais tout cela ne comptait pas pour les perturbateurs, qui
avaient dèjà décidé — le rapport du commissaire central en fait
foi — « que la foule se porterait à la mairie à la sortie de la délégation ».

Toutes les mesures n'avaient-elles pas, d'ailleurs, été prises
à cet effet ?

Conclusions

Nous arrêtons ici cet exposé : car c'est seulement à propos du crime, encore impuni, de l'Hôtel de ville que la haute intervention de la Ligue est sollicitée.

D'autres violences, d'autres illégalités avaient précédé l'attentat contre M. Siger ; au besoin, le Comité en trouvera une exacte énumération dans le discours que M. Knight a prononcé au Sénat, le 3 juillet dernier.

En somme, la malheureuse Martinique s'est trouvée subitement plongée dans un véritable état d'anarchie ; et si l'ordre public n'a pas été encore plus troublé, si, par exemple, l'on n'a pas eu à déplorer de tristes représailles après le lâche assassinat du maire de Fort-de-France, on le doit à la sagesse de quelques dirigeants qui ont conseillé le calme et la confiance dans la justice.

L'iniquité commise est venue démentir cette confiance et aggraver l'antagonisme entre les fractions politiques, lequel est d'autant plus âpre à la Martinique qu'il se complique de considérations ethniques.

La victime, en effet, était un homme de couleur ; les accusés sont des blancs créoles : le meurtre a pu paraître, ainsi, le crime d'une classe contre une autre classe.

Mais la section Martiniquaise de la Ligue, qui est une association où fusionnent tous les éléments de la population, n'a voulu envisager l'affaire que comme un fait de droit commun : celle-ci ne perd rien, à ce titre, de sa gravité, et n'en mérite pas moins toute la sollicitude que nous vous prions de lui consacrer, au nom de la Vérité et de la Justice.

Le Comité de la Section Martiniquaise
de la Ligue des Droits de l'Homme.

Caen — Imprimerie Ch. VALIN, 13, rue Lebayère.

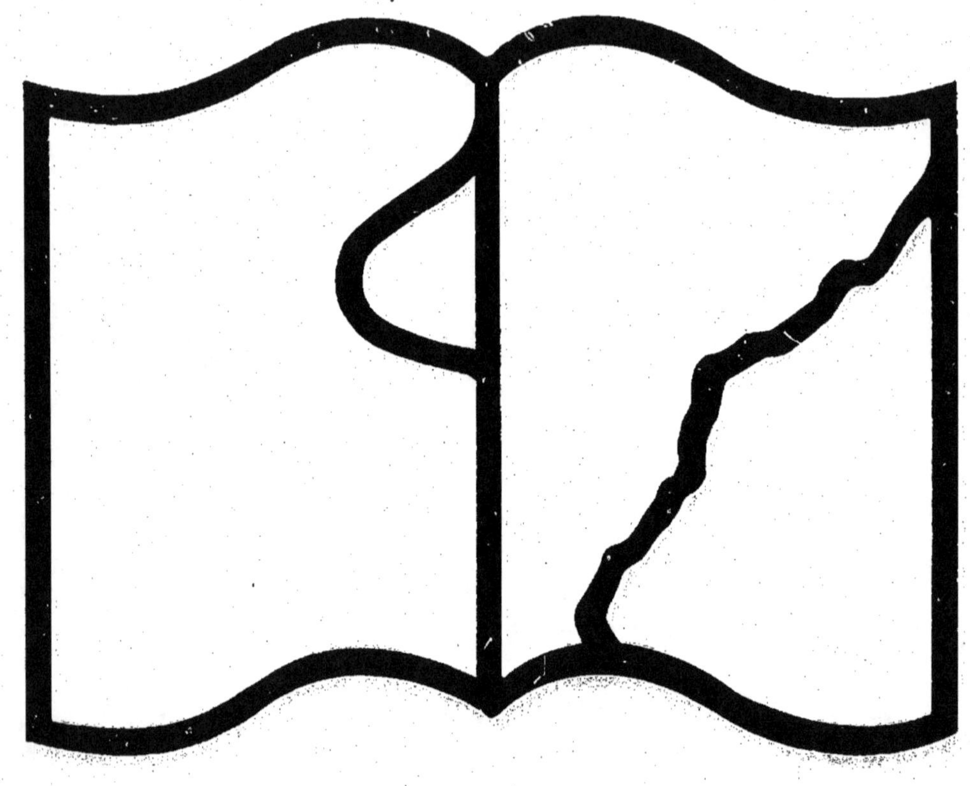

Texte détérioré — reliure défectueuse

NF Z 43-120-11